Reflexologia como Aprendizado

Dados Internacionais de Catalogação na Publicação (CIP)
(Câmara Brasileira do Livro, SP, Brasil)

Sica, Crislane Moreno
  Reflexologia como aprendizado / Crislane Moreno
Sica. -- São Paulo : Ícone, 2010.

  ISBN 978-85-274-1100-4

  1. Medicina alternativa 2. Pés - Massagem
3. Reflexologia (Terapia) 4. Reflexoterapia
5. Saúde - Promoção I. Título.

| | CDD-615.822 |
| 10-02776 | NLM-WB 960 |

Índice para catálogo sistemático:

  1. Reflexologia : Massagem terapêutica
    615.822
  2. Reflexoterapia : Massagem terapêutica
    615.822

Reflexologia como Aprendizado

Crislane Sica

© Copyright 2010
Ícone Editora Ltda.

Capa
Meliane Moraes

Diagramação
Meliane Moraes

Revisão
Cláudio J. A. Rodrigues

Proibida a reprodução total ou parcial desta obra,
de qualquer forma ou meio eletrônico, mecânico,
inclusive através de processos xerográficos,
sem permissão expressa do editor
(Lei nº 9.610/98).

Todos os direitos reservados pela
ÍCONE EDITORA LTDA.
Rua Anhanguera, 56 - Barra Funda
CEP 01135-000 - São Paulo - SP
Tel./Fax.: (11) 3392-7771
www.iconeeditora.com.br
e-mail:iconevendas@iconeeditora.com.br

Crislane Sica

Formada em Professorado,

Comunicação Social,

Fisioterapia com Especialização em Psicossomática,

Psicologia Geral,

Acupuntura,

Reflexologia,

Florais e Reiki.

Agradecimentos

Agradeço à Força Maior de Inteligência Superior Infinita a oportunidade para compartilhar o conhecimento adquirido, e à minha querida Bárbara Bianca, por me transmitir alegria e felicidade para alcançar novos caminhos!

Índice

Introdução, 11

Histórico, 13

Fundamentos, 15

Zonoterapia, 19

Técnica – Reflexologia Podal, 21

    Psico-Reflexologia, 24

    Estresse, 25

Conhecendo a Técnica, 27

    As áreas, 27

    Os Pontos, 29

    Os Estímulos, 31

Como Atua a Reflexologia, 37

Energia, 39

O que é um Reflexo, 41

O Sistema Nervoso, 43

As Hormonas, 45

Os Neurotransmissores, 46

Meridianos e Nervos, 47

Diagnóstico, 49

Tratamento Preventivo, 51

Reações ao Tratamento, 53

Importância no Tratamento do SNC - Sistema Nervoso Central, 55

Tabela – Localização dos Pontos: Sistema Nervoso, 65

Tabela – Localização dos Pontos: Sistema Esquelético, 67

Tabela – Localização dos Pontos: Sistema Muscular, 69

Tabela – Localização dos Pontos: Sistema Endócrino, 73

Tabela – Localização dos Pontos: Sistema Linfático, 75

Conclusão, 77

Bibliografia, 79

Introdução

As técnicas conhecidas como Alternativas, Naturistas ou Complementares, embora tenham excelentes resultados, só devem ser praticadas por aqueles que pesquisam e levam muito a sério a "arte de curar". Hoje existem muitas escolas pioneiras em todo o país, que estão voltadas à comunidade das pesquisas a fim de obterem melhores resultados com o máximo de segurança possível.

O objetivo da presente obra é passar alguns dos resultados obtidos em estudos da "REFLEXOLOGIA". Em anos de estudo e prática tivemos a oportunidade e até o privilégio de atender pacientes que obtiveram resultados satisfatórios, e às vezes surpreendentes, como alívio ou até mesmo fim de suas enfermidades, sejam de origem física ou psíquica.

Por meio de várias pesquisas nos poucos livros publicados na área, bem como em outros livros fora da área complementar, aprofundamos mais este estudo, o que enriqueceu muito e ajudou nas ampliações e inovações realizadas na parte emocional da Reflexologia Podal. Hoje é comum ouvirmos em nossos consultórios pacientes dizerem que somos a esperança nos seus casos. Admitimos que isto se dá devido o conhecimento das técnicas complementares, que são de grande valia hoje em dia, sem falar nos progressos que a medicina ortodoxa tem feito nos últimos tempos.

Assim sendo, não queremos desmerecer a extrema importância da Medicina Ortodoxa, bem como dos estudos dos mecanismos das doenças, estudos celulares, fisiologia, anatomia, enfim, todo o complexo do organismo humano. Por outro lado, as técnicas de tratamento complementares como a Acupuntura, e outras, têm tido resultados fantásticos, às vezes indo além do que a Medicina Ortodoxa pode chegar.

Histórico

Origem da Reflexologia Podal no Ocidente

A REFLEXOLOGIA tem suas origens mergulhadas no tempo, na antiga China, há 4000 anos. Todavia, as culturas egípcia e babilônica desenvolveram-se antes da chinesa, e o Egito contribuiu com uma valiosa evidência histórica.

O documento mais antigo que descreve a prática da reflexologia foi encontrado em escavações no Egito. Essa evidência, um pictograma em torno de 2500 a 2330 a. C., foi descoberta na tumba de um médico egípcio, Ankmahor, em Saqqara.

Willian Fitzgerald (1872 - 1942), médico americano, considerado o divulgador da reflexologia podal, conforme é conhecida hoje, era especialista em ouvido, nariz e garganta. Em seu trabalho e em suas palestras contribuiu para uma forma de terapia que era empregada na China, Índia e tribos indígenas há 4000 anos. Já naquela época, sabia-se que o uso da pressão nos pés poderia aliviar dores no corpo, método que também era conhecido na Europa no século XVI.

No início do século XX, Dr. Edwin F. Bowers e o Dr. Fitzgerald escreveram o livro *Zone Therapy* (Terapia Zonal). Eunice Inghan, uma terapeuta dos Estados Unidos que foi responsável pelo aperfeiçoamento da técnica da massagem com uma série de ilustrações claras, projetou as várias partes do corpo em regiões dos pés. Henne Marquardt, da Alemanha, começou a trabalhar com Eunice Inghan em 1967, e também elaborando vários trabalhos importantes com resultados surpreendentes.

Finalmente, Doven E. Bayley, da Inglaterra, merece ser mencionada por apresentar um trabalho inestimável para o reflexoterapeuta em seu livro *Reflexologia Hoje*.

Fundamentos

A reflexologia, como outras terapias com substratos da filosofia taoísta, visa ao equilíbrio relativo da energia vital (Chi = Yin + Yang). Por meio da massagem em pontos ou áreas específicas nas solas dos pés, despertamos forças curativas, latentes, que promovem um acentuado estímulo sobre os diversos sistemas: circulatório, glandular, nervoso, muscular, esquelético, respiratório, digestório, endócrino, genital masculino e genital feminino.

Por ser um local de extrema irrigação sanguínea, a planta dos pés permite, pelo massageamento correto, um progressivo descongestionamento de áreas a elas relacionadas.

Pela sensibilidade ou insensibilidade das áreas, alterações da cor, da temperatura, da textura da pele e da localização de cristais subcutâneos, poderemos verificar as zonas bloqueadas mediante apalpação, fazendo desta maneira uma eficiente anamnese.

Todos os órgãos têm pontos específicos de projeção nos pés, assim como nas mãos e nas orelhas. Por meio de pressão no local e da intensidade corretas, é possível influenciar o modo pelo qual os órgãos funcionam. Pode-se provocar efeito estimulante ou relaxante, dependendo da qualidade da pressão que se exerce.

A massagem reflexa nos pés é tanto um método de tratamento como uma forma de terapia.

A massagem pode:
- Induzir a um estado de relaxamento.
- Produzir alívio emocional.
- Melhorar as condições do paciente.

Quanto à importância da massagem reflexológica nos pés, tem sido demonstrado que o tratamento pode levar a:
- Aumento da força dinâmica através do corpo.
- Melhora na circulação.
- Ajuste de qualquer desacerto no equilíbrio material

Todas as células de nosso corpo, assim como tudo o que nos rodeia, tem carga elétrica. Essa carga elétrica é uma forma de energia e é influenciada por nosso modo de vida.

Quando o nível de energia é baixo, nosso sistema motor trabalha lentamente, e às vezes a energia voa através de nós e nos sentimos como se pudéssemos abraçar o mundo inteiro.

Ao tratar as várias partes do corpo com as mãos e de modos diferentes, é possível influenciar essas formas de energia.

Um tratamento de reflexologia bem executado pode levar 45 minutos.

Trabalha-se através de todos os reflexos em uma sequência específica, e a sensibilidade ou a dor em quaisquer dos pontos indicará o início de acúmulo de estresse e congestão nas correspondentes partes do corpo. O tratamento também romperá moléculas congestionadas formadas nas terminações nervosas que existem nos pés (há 72.000 em cada pé), com o início do processo de cura.

A maioria das partes do corpo são duplicadas dos dois lados, esquerdo e direito, e os pontos reflexos para essas partes do corpo aparecerão praticamente na mesma posição em ambos os pés. Algumas partes do corpo são encontradas apenas de um lado – por ex.: o coração – e portanto, só serão representadas em um dos pés, neste caso o esquerdo. As zonas reflexas situam-se nas "solas" (Plantar), nas laterais e no dorso dos pés, e cada parte dos pés tem uma parte correspondente no corpo.

O tratamento costuma ser ministrado às zonas reflexas no pé direito primeiro e depois no esquerdo, embora isso possa diferir entre os terapeutas.

Depois de trabalhar os dois pés, é dada atenção às zonas reflexas que afetam determinadas partes do corpo. A essa altura, ambos os pés podem ser trabalhados simultaneamente; por exemplo, os reflexos do rim em ambos os pés podem ser estimulados para um melhor resultado.

Zonoterapia

O princípio da ZONOTERAPIA baseia-se na divisão do corpo em dez zonas simétricas, que se estende da cabeça até as mãos e os pés. A maioria das partes do corpo são duplicadas nos dois lados, esquerdo e direito, e os pontos reflexos para estas partes aparecerão praticamente na mesma posição em ambos os pés. Algumas partes do corpo, porém, são representadas apenas em um dos pés, por exemplo, do lado esquerdo, o coração. Portanto, a região a ser trabalhada, para este órgão, será a do lado esquerdo da área plantar (sola) do pé esquerdo. Por agirmos assim, encontramos as localizações dos órgãos, músculos, ossos, nervos e assim por diante.

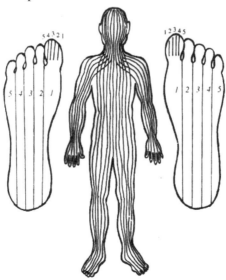

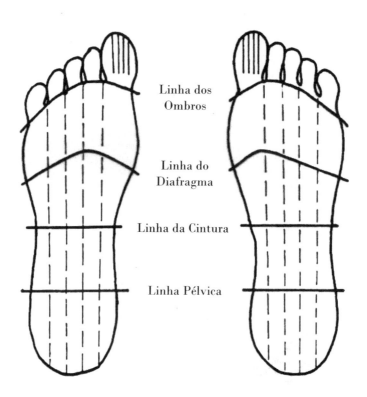

Técnica

Reflexologia Podal

Neste trabalho, iremos nos concentrar na Reflexologia Podal, sem naturalmente desmerecer os benefícios da reflexologia nas mãos.

Porém, antes de explicarmos como funciona a reflexologia, é de extrema importância conhecermos como se origina uma doença e como realizar uma boa manutenção da saúde.

Em cada célula existem vários agentes de manutenção da vida.

Um desses agentes responsáveis pela absorção da energia nutridora (ATP) é a mitocôndria, parte responsável da célula pela absorção desta energia.

Podemos comparar a mitocôndria como a "indústria" da célula. Se a célula precisar de mais energia para efetuar melhor suas tarefas, a mitocôndria se divide e praticamente dobra a quantidade de absorção de energia. Se por algum impedimento a absorção de energia ou nutrientes fica debilitada, esta célula começa a ficar doente. Para que este mecanismo funcione adequadamente, dependemos do pleno funcionamento de outros sistemas.

1. O primeiro fator a ser considerado é se está havendo uma boa alimentação e, consequentemente, uma boa digestão.

2. O segundo fator é se está havendo uma boa respiração, não só em caráter de funcionamento pulmonar, mas também com relação aos agentes inspirados e expirados diariamente.

3. O terceiro fator é se está havendo uma boa distribuição desta energia e da troca de gases. Isto é feito através de um bom funcionamento do sistema circulatório.

4. O quarto fator é a boa comunicação do estado geral da célula com o centro de controle do corpo. Isto é feito através de transmissão neuronal ou nervosa que inicia a célula através das terminações nervosas.

5. E o quinto fator a ser considerado é se está havendo um bom sistema de manutenção da célula, que envolve a retirada dos resíduos depositados nos interstícios celulares, papel este desempenhado pelo sistema linfático.

Por considerarmos que um conjunto de células forma um tecido, um conjunto de células doente formará um tecido doente, e um conjunto de tecidos fará um órgão doente e com um conjunto de órgãos doentes, teremos um aparelho ou sistema doente e assim um indivíduo doente.

Resumindo

O que nos informou da situação original da doença ou patologia foi a princípio a célula. Nos interstícios celulares (nos espaços entre uma célula e outra), são encontrados vários reagentes responsáveis pela manutenção da vida ou impurezas que devem ser absorvidas ou eliminadas. Ao redor de cada célula encontramos uma área denominada mezênquima. Nessa área ocorre a troca de substâncias para a célula, bem como oxigênio e nutrição através de veias e artérias. O responsável pela limpeza da área é o Sistema Linfático, que com seus capilares inicia seu trabalho nesta região, absorvendo impurezas e proteínas que, por terem uma dimensão maior, só podem entrar no Sistema Linfático. Porém, o que nos informa sobre todo este funcionamento, se algo precisa ser reparado ou se há nutrição suficiente, é a terminação nervosa. Esta terminação comunica-se através de feixes nervosos levando a informação até o cérebro, onde começam uma série de reações, que posteriormente serão enviadas tanto às áreas afetadas, quanto às outras partes do corpo, as quais se manifestarão através dos sintomas já conhecidos. Esta comunicação via neurônios (células do Sistema Nervoso) se ramifica dentro do complexo do cérebro, a fim de que as funções de resposta ao estímulo recebido aconteçam, por exemplo, quando encostamos o braço em algo muito quente e imediatamente o retiramos do local. Em outros impulsos sensitivos como dores, mal-estar, etc., tem por finalidade informar-nos como está nosso corpo.

Assim, podemos lembrar que cada um dos pés possui:

26	ossos
7	tarsos
5	metatarsos
14	falanges dos dedos
33	articulações
114	ligamentos tendinosos, muito fortes para suportar os movimentos e o peso do corpo
20	músculos
72.000	terminais nervosos

A articulação mais importante, considerada a rainha do pé, é a tíbio-társica, que suporta quase a totalidade dos movimentos e o peso do corpo.

Tocar os pés é algo que muito raramente fazemos. Tocando os pés estamos entrando em contato com algo íntimo que enriquece as nossas experiências, que nos desliga dos problemas do quotidiano, que nos leva a um momento diferente de total relaxamento. Cabendo portanto a diferenciação entre a Reflexologia (pressão dos dedos nos pontos dolorosos em áreas reflexas) e a massagem nos pés. A Reflexologia é um conjunto de manobras técnicas que podem se assemelhar à massagem nos pés.

A Reflexologia trabalha com energias sutis revitalizando o corpo de forma que mecanismos naturais possam ajudar na realização de seu trabalho. Somente o próprio corpo é que se cura. O ponto de equilíbrio é a chave para o processo. A busca deste estado ocorre na forma da interação entre o receber e dar a Reflexologia aos pés.

Psico-Reflexologia

A Psico-Reflexologia baseou-se na fisiologia de cada órgão para encontrar sua emoção correlacionada. Podemos, através do aspecto de cada pé, obter uma leitura do emocional real, atual e do passado próximo, presente no paciente neste momento.

Através de estímulos nervosos obtemos resultados surpreendentes na área emocional, como um ótimo instrumento de complemento terapêutico também para a Psicologia, Psiquiatria e Psicanálise.

Por exemplo: ao pé esquerdo correspondem os sentimentos e a cada artelho, as emoções. Ao pé direito correspondem as ações e a cada artelho, suas atividades.

O Estresse

Uma das causas mais comuns no nosso dia a dia e que acarreta disfunções no organismo é o nosso inimigo oculto – o estresse. O estresse é considerado normal quando o organismo desempenha satisfatoriamente suas funções frente às diversas circunstâncias que ocorrem no momento presente de sua realidade.

O estresse é considerado positivo quando ocasiona excitação tal que impulsiona a estados de criatividade e leva a enfrentar desafios. As pessoas ligadas aos esportes conquistam suas medalhas através desta força propulsora.

O estresse é considerado negativo quando se apresenta com fatores crônicos, ou seja, desânimo constante e perda de energia, ocasionando possíveis doenças.

A Reflexologia funciona com eficiência induzindo o organismo ao relaxamento, quebrando os bloqueios e permitindo ao organismo seu processo natural de recuperação. O grande benefício da Reflexologia é o relaxamento. Através dele alcançamos o controle e a redução do estresse, possibilitando a harmonia psicossomática e melhorando nossa amplitude de pensamentos e emoções pela liberação dos bloqueios internos.

Os pés, nos equilibram literalmente, estão em contato com a terra e com o que dela flui. Eles representam nosso modo de ser.

Conhecendo a Técnica

Vamos fazer algumas considerações sobre:

1º – Como localizar os pontos

2º – Os estímulos

3º – Pressão

4º – Tempo do estímulo

5º – Por que os estímulos

Para isso, precisamos esquecer um pouco a pressa e nos dispormos a aprender.

As Áreas

As áreas possuem uma correlação com órgãos e vísceras que se projetam nos pés através das terminações nervosas e representam respectivamente:

1 – O Sistema Circulatório / Linfático

2A/2B – A Cabeça

3 – Os Músculos

4 – Os Órgãos Sensoriais

5 – O Tórax / Pulmão

6 – Os Nervos

7 – Os Intestinos

8 – O Sistema Urinário

9 – O Estômago

10 – A Região Abdominal

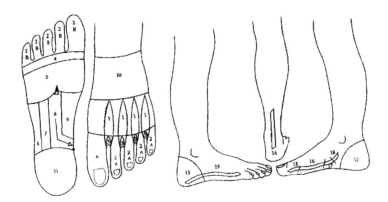

11 – A Região Pélvica
12 – O Útero/Próstata
13 – Os Ovários/Testículos
14 – O Nervo Ciático
15 – A Região Cervical
16 – A Região Dorsal
17 – A Região Lombar
18 – A Região Sacral
19 – O Todo Estrutural

Os Pontos

Refletem partes do corpo e mesclam também pontos de do-in que são de grande ajuda na obtenção dos bons resultados.

1 – Hipófise
2A – Dentes
2B – Sinus
3A,3B,3C – Pontos de Retenção/Gânglios
4 – Suprarenal (ângulo reto)/ Plexo Solar (projetado para cima)
5 – O Sistema Hepático (ângulo reto e projetado para cima)
6 – Ponto de Tensão
7 – Ombro
8 – BP – 6 (distúrbios menstruais)
9 – E – 36 (muscular)
10 – C – 7 (ansiedade)
11 – IG – 4 (analgésico)

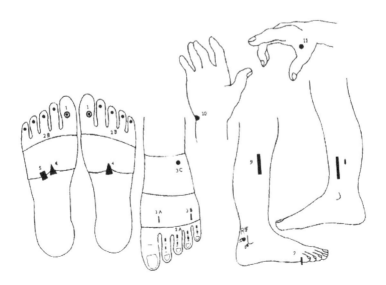

Localização dos Pontos

Uma grande preocupação dos iniciantes na REFLEXO-LOGIA é a localização precisa dos pontos. Porém, embora esta seja uma relevante preocupação não deve ser a primeira no seu aprendizado.

Existe um pensamento que diz "Não há problema em usar isso ou aquilo, se não fizer bem, mal não pode fazer". Porém, a verdade é que este conceito está errado.

Note os seguintes exemplos:

— Massagem: se fizemos pouca pressão não teremos resultado nenhum; contudo, se usarmos de muita pressão poderemos estimular demais o paciente e a massagem terá o efeito contrário, ou poderemos até causar alguma lesão.

— Fitoterapia: Existem doses certas a serem ingeridas por dia; a pouca dosagem não surtirá efeito desejado e o uso excessivo provocará desarranjos orgânicos, ou até uma grave intoxicação.

Assim também todas as Técnicas Complementares, embora tenham excelentes resultados, só devem ser praticadas por aqueles que pesquisam e levam a sério a "arte de curar". Hoje existem muitas escolas pioneiras em todo o país que estão voltadas à continuidade das pesquisas, a fim de obterem melhores resultados.

Como Localizar os Pontos

Partindo do princípio da zonoterapia, dividimos o corpo em dez zonas e as projetamos nos pés, como já explicado anteriormente. Contudo, esta regra não demonstra com precisão todos os pontos. Alguns destes foram sendo descobertos pela experiência dos profissionais. Sendo assim, é comum encontrarmos vários mapas com diferentes interpretações e localizações alteradas correspondentes aos mesmos órgãos. Isto não quer dizer que bons resultados não sejam obtidos, mas que apenas devemos nos orientar pelos mapas baseados na anatomia e acrescentarmos os pontos extras encontrados.

Nossos estudos e pesquisas nos permitiram localizar mais de 100 pontos e áreas até o momento; alguns destes coincidem com estudos e mapas já conhecidos.

OBS: Os pontos e áreas demonstrados apenas servem como referência no tratamento de primeiros socorros das patologias ou sintomatologias. Não iremos nos referir a órgãos específicos, visto que às vezes em uma mesma área são encontrados vários órgãos. O leitor deverá usar de discernimento na localização destes ocorrendo que em caso de um sintoma específico, os pontos ou áreas deverão estar doloridos ao receber os estímulos.

Os Estímulos

Como já considerado, não temos a intenção de sedar ou tonificar este ou aquele ponto. O objetivo é estimular as terminações nervosas dos pés através dos mais variados modos a fim de alcançar um bom resultado.

A melhor maneira de produzir tais estímulos é com o uso dos dedos, principalmente com o polegar. A posição mais apropriada deste estímulo deve consistir em uma pressão que pode ser contínua ou alternada durante 20 a 30 segundos.

Estímulo com os dedos

a) Polegar
– Em forma de alavanca
– Deslizando como uma "minhoca"
– Balancinho
– Articulação Interna do Polegar

b) Indicador
– Em forma de gancho
– Deslizando como uma "minhoca"
– Balancinho
– Serrote
– Com articulação dobrada

c) Polegar / Indicador
– Beliscão

d) Indicador / Médio / Anular
– Deslizando como uma "minhoca"

A segunda consiste no uso de objetos que nos serão de grande ajuda, não só no caso dos iniciantes que ainda não desenvolveram plena habilidade com os dedos, como também nos casos em que o pé do nosso paciente apresente uma pele mais resistente a estímulos.

Pressuração

Como considerado anteriormente, a pressão exercida pode produzir efeitos indesejáveis em alguns casos.

REFLEXOLOGIA COMO APRENDIZADO

Para ilustrar, lembro-me de uma aluna que aplicou a técnica para insônia em duas pessoas. Comentou ela no dia seguinte da aula. "Não sei o que houve, apliquei a técnica em uma pessoa e ela dormiu como nunca e apliquei em uma segunda pessoa a mesma técnica para o mesmo problema de insônia, mas esta disse que não conseguiu dormir absolutamente nada". O que ocorreu neste caso foi que embora os estímulos fossem dados nos mesmos locais, a pressão exercida no segundo caso fora exagerada, fazendo com que neste paciente o efeito tenha se tornado contrário ao esperado.

Por isso classificamos a pressão segundo o paciente e não segundo a força do terapeuta – embora a média de pressão seja aproximadamente de três quilos com o polegar, isso não pode servir de regra.

Para facilitarmos o uso da pressão, dividimos a dor em 4 categorias:

1 – Dói um pouco

2 – Dói muito

3 – Dói muito mas é suportável

4 – A dor é insuportável

Nossa pressão deverá sempre ser suportável para o paciente e com a capacidade máxima da nossa força. Ou seja, se o paciente reclamar de algum sintoma, obrigatoriamente terá que doer a área correspondente. Se ele reclamar do sintoma mas não se queixar da dor, ou estiver na categoria 1 (pouca dor), com certeza não estamos localizando a área ou o ponto com precisão. Neste caso, deveremos circundar a área ou o ponto desejado até o encontrarmos; uma vez localizado com precisão, deveremos manter a pressão firme até conseguirmos a categoria 2 e 3, em seguida manteremos a pressão pelo tempo necessário para obtermos um bom resultado.

As dores das terminações nervosas dos pés demonstrarão o grau da patologia ou da sintomatologia.

Tempo do Estímulo

O tempo do estímulo também é muito importante, não somente na busca de melhores resultados, como também para evitarmos efeitos colaterais indesejados.

O estímulo das terminações nervosas, varia de acordo com a área ou ponto a ser trabalhado e com a técnica empregada.

Pode levar de 30 segundos a 2 minutos, dependendo da categoria da dor e da área ou ponto trabalhado.

Podemos ainda repetir o mesmo movimento de 6 a 9 vezes.

Por Que os Estímulos

Os estímulos farão com que o organismo reaja e passe a funcionar melhor. Como terapeutas, precisamos conhecer os mecanismos de cada patologia a fim de sabermos o que e quando estimularmos. No caso de primeiros socorros, os estímulos já estão padronizados e as áreas e pontos já estão previamente marcados com a técnica e tempo correto para cada distúrbio especificamente.

A preocupação maior cabe a partir do momento que começamos a tratar mais individualmente as patologias e suas causas. Neste caso, devemos ter um profundo conhecimento das doenças, suas manifestações (que órgãos estão envolvidos com a doença) e suas causas, a fim de darmos o estímulo no local certo, com a pressão correta e com o tempo preciso.

A Reflexologia tem ajudado milhares de pessoas não só na sua análise de saúde física e comportamental, mas também, no tratamento de doenças em sintomas, obtendo-se excelentes resultados. Com este trabalho objetivamos maiores detalhes para o aprimoramento da utilização desta técnica – REFLEXOLOGIA.

Contraindicações ou Cuidados Especiais

Nas seguintes situações deverá ser evitado o uso da Reflexologia, a não ser por reflexoterapeutas experientes:
- Em caso de GRAVIDEZ
- FRATURAS ou LESÕES recentes nas áreas
- VARIZES EXPOSTAS
- TROMBOFLEBITE
- Quadro de DERMATITE
- Quadro crônico de doença DEGENERATIVA
- DIABÉTICOS

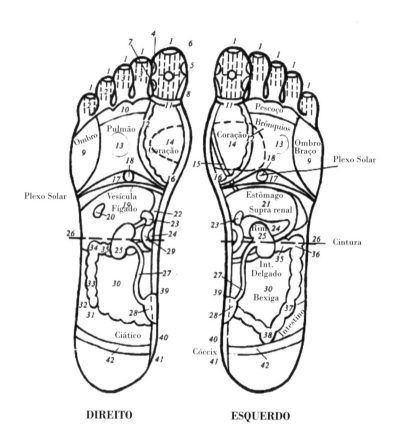

DIREITO   **ESQUERDO**

Como Atua a Reflexologia

Resta muito por esclarecer sobre o funcionamento exato da reflexologia, embora hoje em dia se saiba mais a respeito das vias neurais para o desenvolvimento dessa técnica.

Sabemos basicamente que trata de estimular aplicando pressão com os dedos para desobstruir a congestão dos tecidos e dos nervos, eliminando as toxinas acumuladas e estimulando a própria capacidade curativa do corpo, ou seja o sistema imunológico.

Esclareceremos sobre a energia.

Energia

Todos os seres vivos precisam de energia.

No nosso planeta, a energia vem do sol e se transfere para as plantas, os animais e as pessoas.

No organismo do ser humano, a energia é obtida através do alimento. Este é necessário para que possamos realizar as funções vitais, tais como:

O movimento, a reprodução e o crescimento.

O sono e o repouso também requerem energia, já que usamos oxigênio e produzimos dióxido de carbono durante estes períodos.

O corpo humano possui funções diferentes e por consequência utiliza diferentes formas de energia.

O Sistema Nervoso usa tanto a energia elétrica como a energia química para enviar sinais dos receptores sensórios na superfície do corpo para a medula espinhal ou para o cérebro, através das fibras nervosas, a órgãos como as glândulas digestivas e endócrinas.

As informações passam por meios elétricos por dentro de uma célula nervosa e quimicamente por entre as células.

No conceito da M.T.C., a transmissão do QI pelas vias dos meridianos é como acender a informação no sistema de transmissão de energia do corpo e alterá-la através dos pontos reflexos.

O Que é Um Reflexo

O desenvolvimento de qualquer terapia física envolve a estimulação das células sensoriais do tato situadas na superfície da pele, chamadas de células receptoras. A estimulação dos pontos reflexivos na pele transmite mensagens destas células para os centros de controle no interior através das vias ou terminações nervosas, que por sua vez transmitem outras mensagens para os músculos e estes para os músculos internos.

Em uma via reflexa, a mensagem segue um círculo relativamente simples: os centros do cérebro primitivo, raquidiano e inferior recebem a mensagem e emitem uma diretriz de resposta devolvendo-a diretamente aos músculos ou para o órgão interno.

Os centros superiores de controle consciente do cérebro nem sempre são envolvidos.

Assim, com frequência, nós temos consciência da resposta que damos.

A vantagem deste tipo de resposta é que ela é muito mais rápida do que uma mensagem enviada para a parte consciente do cérebro, uma vez que este poderia levar vários segundos para selecionar uma resposta, o que pode ser fatal numa emergência.

Os médicos muitas vezes usam estes reflexos para chegar a um diagnóstico. Eles tentam um reflexo chamado "reflexo plantar", prensando um estrumento de ponta pela face exterior (lateral) da planta do pé do calcanhar do lado do dedo mínimo.

A reação normal seria um movimento para baixo de contração dos dedos dos pés.

Um movimento ascendente dos dedos grandes é quase sempre uma indicação de doença no cérebro ou na medula espinhal.

Este reflexo é conhecido como reflexo de Babinski.

As ações reflexas inconscientes são de extrema importância e são usadas continuamente pelo corpo nas ações diárias que nos exigem decisões conscientes.

Por exemplo: elas regulam as atividades dos órgãos internos, como a do aparelho digestório, e ajustam continuamente a toxicidade dos músculos, incluindo os que são usados na postura.

É por esta razão que a reflexologia tem um efeito tão dinâmico em todos os nervos espinhais das vértebras, contribuindo para melhorar os problemas das costas e do pescoço, bem como a digestão.

O Sistema Nervoso

O Sistema Nervoso é dividido em certo número de partes.

Há a divisão entre o Sistema Nervoso Central (o cérebro e a medula espinhal) e o Sistema Nervoso Periférico, que compreende os 43 pares de nervos que deles emanam. Os nervos sensitivos transmitem os impulsos do sistema periférico do corpo para a medula espinhal.

Estes impulsos podem ou não passar para o cérebro ou para um neurônio conectivo de um arco reflexo.

As fibras nervosas transmitem os impulsos do cérebro através da medula espinhal para os órgãos como os músculos esqueléticos, os músculos lisos e as glândulas do sistema nervoso involuntário.

Este é o Sistema Nervoso Autônomo: (as glândulas, o músculo cardíaco e o músculo dos órgãos internos).

O tratamento reflexológico atua, sobretudo, através do sistema nervoso autônomo, equilibrando as ações opostas das suas duas subdivisões principais.

O ramo simpático cujos impulsos tendem a predominar quando o corpo sofre tensão, como por exemplo, acelerando os batimentos cardíacos e estimulando a produção de epinefino e adrenalina e o ramo parassimpático cujos impulsos tendem a predominar quando o corpo se encontra em repouso, promovendo a atividade digestória – reduzindo os batimentos cardíacos e estimulando as secreções digestivas.

O ramo simpático é acionado com mais frequência na nossa vida moderna geralmente pela ação do sistema nervoso parassimpático, que é estimulado pelo tratamento. Então quando uma pessoa se submete à reflexologia, o seu ritmo cardíaco diminui.

O Sistema Nervoso recebeu esse nome porque a princípio se pensava que ele podia se autoregular e que era independente dos outros sistemas do corpo.

Mais tarde foi descoberto que isso não era uma verdade apesar de suas reações serem involuntárias, alguns sistemas de meditação e exercício podem influenciar na conscientização da localização da área afetada.

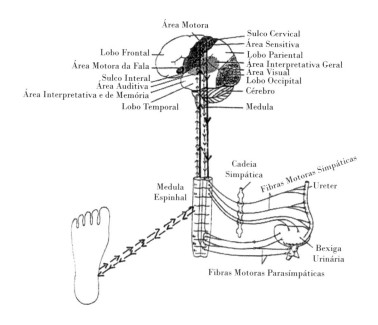

As Hormonas

O comando geral do Sistema Nervoso Autônomo é uma parte do cérebro chamada hipotálamo – uma pequena área do prosencéfalo que também regula as sensações de sede, fome e temperatura, moderando assim os nossos níveis de consumo de alimentos e água. É também responsável pelo sono e está relacionada com nossa atividade emocional. Este centro também governa uma célula chamada pituitária, uma espécie de glândula mestre que segrega muitas hormonas (substâncias químicas que são liberadas no sangue e que servem para equilibrar os níveis de importantes ampostes sanguíneos, como os açúcares e os sais, além de regular funções como o crescimento, a reprodução e as respostas às situações de tensão.

Também produz "hormonas de liberação", que controlam a atividade de outras glândulas, como a tireioide situada na garganta e controlando assim a liberação de outras hormonas. O desequilíbrio destas outras hormonas pode conduzir diretamente a um agravamento do nosso estado de s aúde.

Se a reflexologia pode reequilibrar a atividade do hipotálamo através de sua ação sobre o Sistema Nervoso Autônomo, é porque ela está a atuar em um nível muito profundo para eliminar a causa subjacente de um problema.

Neurotransmissores

Uma parte essencial do funcionamento do Sistema Nervoso é um grupo de substâncias químicas conhecido como neurotransmissores.

A tarefa destas substâncias é realizar a transformação dos sinais nervosos de uma célula nervosa (neurônio) para outra.

Elas podem ser excitadoras (ter ação estimulante) ou inibidoras (ter ação impeditiva).

Nas terminações do Sistema Nervoso Simpático, é liberado um neurotransmissor chamado norepinefrina (noradrenalina), que contrai os vasos sanguíneos e tendem a aumentar a tensão arterial, acelerando e fortalecendo o batimento cardíaco.

No Sistema Nervoso Parassimpático, é liberada uma substância química chamada acetilcolina que produz o efeito contrário.

Um neurotransmissor chamado serotonina, situado no sistema nervoso central, está associado ao nosso ciclo do sono.

Sabe-se hoje que existem mais de 50 substâncias neurotransmissoras diferentes, uma que é importante no controle da dor chama-se substância P.

Esta pode ser encontrada no cérebro e na medula espinal e estimula a percepção da dor.

Desta forma os métodos como a reflexologia e a acupuntura que são eficazes podem eventualmente bloquear a sua liberação ou desencadear a liberação de outras substâncias conhecidas como endorfinas, que possuem substâncias de natureza opiácea e que inibem a transmissão dos impulsos da dor.

Meridianos e Nervos

Os meridianos chineses seguem as vias dos principais nervos. Estas vias ligam certo número de estruturas ao longo de seu percurso, incluindo os ossos situados muito próximo de nervos e músculos periféricos que estão ligados a esses ossos, bem como orgãos, artérias e veias.

As descobertas a respeito da inibição da dor resultaram do fato de ter sido aplicado pressão sobre um osso.

Uma vez que os nervos estão muito próximo dos ossos, conclui-se que a reflexologia atua por esse mesmo mecanismo.

Diagnóstico

Com a mensagem de todas as áreas reflexas nos pés, o corpo todo pode ser tratado e trazido de volta ao equilíbrio. O método consiste na descoberta das suas áreas reflexas, que se mostram mais sensíveis sinalizando que estão em desequilíbrio.

Lembramos que o diagnóstico refere-se às partes do corpo que estão em desequillíbrio e não à respectiva doença.

Tratamento Preventivo

Atualmente, cresce entre as pessoas a consciência de que o corpo deve assumir a responsabilidade pela própria saúde, procurando prevenir-se contra doenças no lugar de esperar a doença se estender para então poder tratar.

Uma área que precisa ser levada em consideração é a alimentação saudável. A reflexologia deve ser usada para a manutenção da saúde.

Através de sessões regulares de tratamentos com intervalos de um ou dois meses, o estado de saúde do corpo deve, pela constatação de algumas áreas reflexas sensíveis, mostrar sinais de problemas que poderão ser tratados antes de se trasformarem em sintomas graves.

O tratamento é extremamente relaxante e traz benefícios a todos, por possibilitar que as funções corporais operem facilmente, permitindo que o corpo entre em equilíbrio.

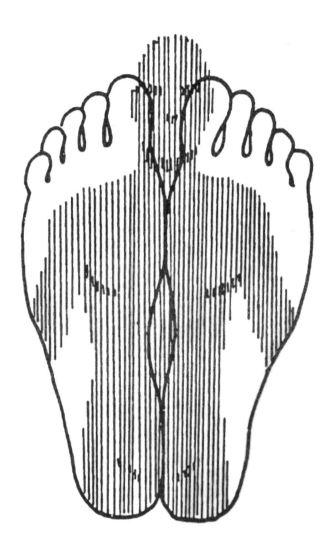

Reações ao Tratamento

Uns dos motivos mais comuns apresentados pelos pacientes para procurar a ajuda de uma terapia "alternativa" é a preocupação com os possíveis efeitos colaterais que o tratamento convencional com medicamentos (drogas) costuma causar. Os efeitos colaterais somatizados no corpo podem ser evitados pelo uso de uma terapia natural, embora não se deva desconsiderar o valor de determinados métodos da medicina tradicional.

Durante o tratamento, é possível que haja reações por conta da necessidade de o corpo livrar-se de materiais tóxicos indesejados, podendo em muitos casos levar um tempo para se processar a sua eliminação.

Se há muitas toxinas presentes no sistema, é insensato livrar-se rapidamente.

As reações de cura são reações de limpeza do organismo que aparecem à medida que é intensificada a atividade dos sistemas eliminatórios do corpo.

Uma das reações mais comuns ao tratamento é a estimulação da atividade dos rins e do aparelho urinário, tornando mais frequente a necessidade de expelir líquidos.

Importância no Tratamento do SNC - Sistema Nervoso Central

O Sistema Nervoso Central é o sistema que coordena e controla todas as funções do organismo. Está dividido em uma parte central e outra periférica: sistema nervoso central e sistema nervoso periférico. Esta é uma divisão puramente topográfica, pois todas as suas estruturas são interdependentes.

O Sistema Nervoso Central (SNC) está constituído pelo encéfalo e pela medula espinhal. O Sistema Nervoso Periférico (SNP) compreende os nervos — cranianos e espinhais —, os gânglios e as terminações nervosas.

Embriologicamente, o SNC origina-se do tubo neural que apresenta, na sua extremidade cranial, três dilatações chamadas vesículas primordiais: prosencéfalo, mesencéfalo e rombencéfalo. A extremidade caudal do tubo neural forma a medula primitiva e esta origina a medula espinhal.

O prosencéfalo dá origem ao telencéfalo e diencéfalo, que, por sua vez, dão origem ao cérebro. O mesencéfalo não se subdivide, continua com o mesmo nome. O rombencéfalo dá origem ao metencéfalo e mielencéfalo; o metencéfalo dá origem ao cerebelo e à ponte; o mielencéfalo dá origem ao bulbo.

O encéfalo está formado pelas seguintes partes: bulbo, ponte e mesencéfalo (tronco encefálico), cerebelo, diencéfalo e telencéfalo, este último também denominado de cérebro.

Na superfície do cérebro encontram-se sulcos que delimitam giros. Podemos dividir o cérebro em lobos: frontal, pariental, temporal, occipital, que guardam relação com os ossos do crânio e, ainda, o lobo da ínsula.

Cérebro Lateral Esquerdo

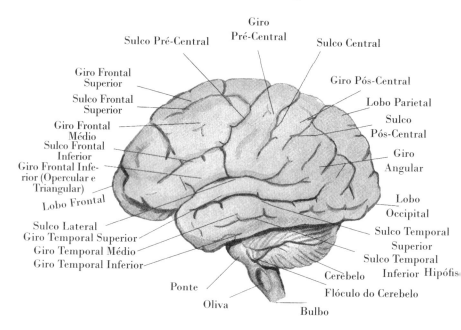

No tronco encefálico temos a origem dos 12 pares de nervos cranianos, e na medula espinhal encontramos 31 pares de nervos espinhais.

No cérebro e no cerebelo, podemos reconhecer uma substância branca, revestida externamente por uma delgada camada de substância cinzenta, o córtex cerebral e o córtex do cerebelo. A substância branca está constituída de fibras nervosas mielínicas, enquanto a substância cinzenta constitui os núcleos.

Cérebro Lateral Direito

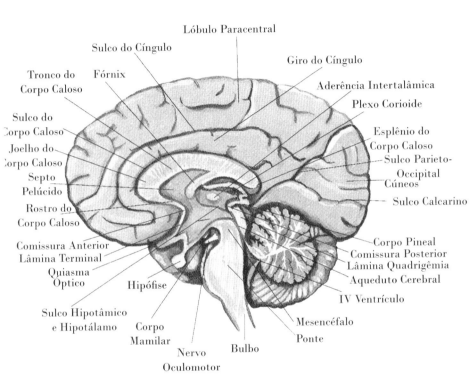

Vista Inferior

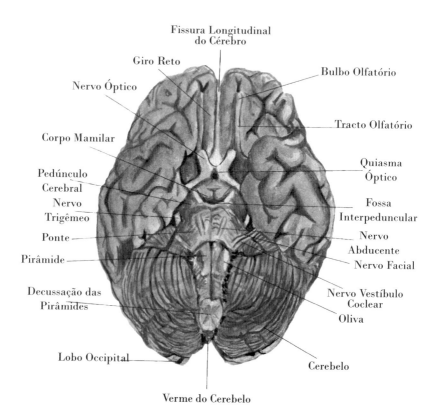

Face Lateral do Hemisfério Esquerdo

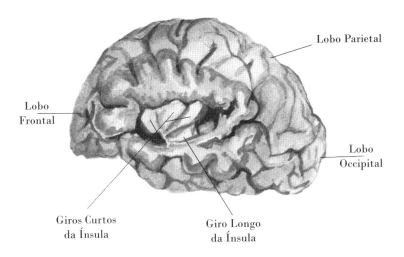

Face Superolateral do Hemisfério Esquerdo, Após Retirada do Lobo Temporal

O encéfalo e a medula espinhal são envoltos por membranas chamadas meninges, em número de três, denominadas de fora para dentro: dura-máter, aracnoide e pia-máter.

Entre a dura máter e a aracnoide encontramos um espaço chamado subdural e entre a pia-máter e a aracnoide o espaço subaracnoideo. É neste espaço subaracnoideo que circula o líquor ou líquido cérebro-espinhal. Este líquido também circula entre as cavidades encefálicas, os chamados ventrículos cerebrais: ventrículos laterais, terceiro ventrículo e quarto ventrículo. O líquor é produzido pelos plexos coroides, que estão localizados no assoalho dos ventrículos laterais e nos tetos do terceiro e do quarto ventrículos.

O Sistema Nervoso Periférico, como anteriormente descrito, está formado pelas terminações nervosas, gânglios e nervos.

Tronco Encefálico, Após Retirada do Cérebro. Vista Posterior

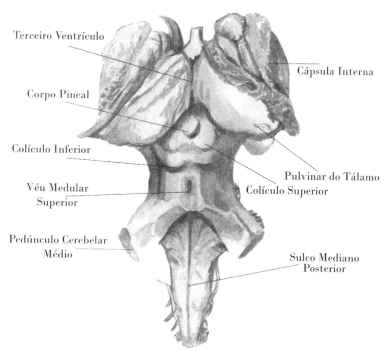

A fibra nervosa que estimula a musculatura é denominada motora e a que leva impulsos nervosos para o SNC é sensitiva. Assim, as fibras motoras veiculam impulsos do SNC – eferentes – enquanto as fibras sensitivas que levam impulsos para o SNC são denominadas aferentes.

As terminações nervosas são encontradas nas extremidades das fibras sensitivas e são especializadas para receberem estímulos tanto na superfície quanto no interior do corpo; assim, os receptores sensitivos, quando estimulados, originam impulsos nervosos que serão levados em direção ao SNC. Estas terminações são também encontradas nas fibras motoras e são denominadas placas motoras.

Núcleo de Base Após Secção Transversal do Encéfalo

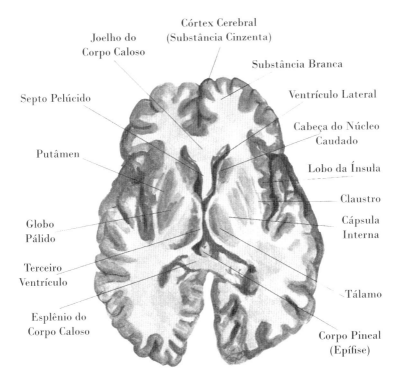

Encéfalo Secção Frontal

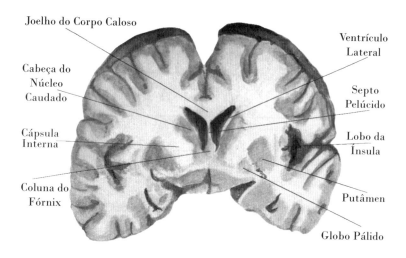

Os nervos são cordões esbranquiçados formados por fibras nervosas (axônios) reunidas ou arranjadas em feixes ou fascículos e estão envoltos por espessa bainha de tecido conjuntivo denominado epineuro. Por sua vez, cada feixe ou fascículo está envolto pelo perineuro, enquanto a fibra nervosa está envolta pelo endoneuro.

Os nervos distinguem-se em dois grupos: cranianos e espinhais.

Os nervos cranianos são:

I – olfatório
II – óptico
III – oculomotor
IV – troclear
V – trigêmeo
VI – abducente

VII – facial

VIII – vestíbulo coclear

IX – clossofaríngeo

X – vago

XI – acessório

XII – hipoglosso

Os nervos espinhais são compostos de 31 pares e saem da medula espinhal através dos forames intervertebrais da coluna vertebral. São divididos, segundo a sua origem na medula espinhal, em: cervical, torácico, lombar, sacral e coccígeo.

O nervo espinhal é formado pela união de duas raízes: uma ventral e outra dorsal. A raiz ventral apresenta fibras motoras (eferentes), enquanto a raiz dorsal apresenta fibras sensitivas (aferentes). Assim, o nervo espi-nhal está formado por fibras aferentes e eferentes, sendo, por isso, um nervo espinhal misto.

Coluna Vertebral do Sistema Nervoso Central

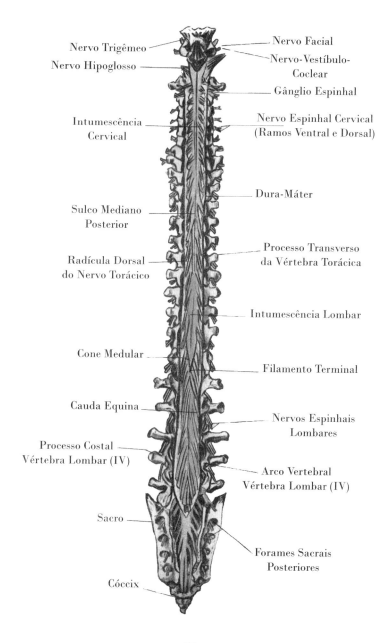

Localização Anatômica dos Pontos Reflexos

Sistema Nervoso

LEGENDA	ESTRUTURA ANATÔMICA
Fibras Nervosas	Área Plantar – 5º artelho – desde o cuboide até a extremidade superior do metatarso
Joelho	Lateral Externa – abaixo da epífese do 5º metatarso sobre o cuboide
Ombro	Arte Dorsal – 5º Artelho – lateral externa da falange proximal, na porção média
Hipotálamo	c) Área Plantar – Hálux – na extremidade da falange distal próxima à unha
Ponto de Esgotamento	Área Plantar – Hálux – na lateral interna da falange distal, na porção distal
Ponto de Tensão	Lateral Externa – abaixo do maléolo e acima do calcâneo
Olhos	Área Plantar – entre o 2º e o 3º artelho – e 3º e 4º artelho – entre as falanges proximais

Ouvidos	Área Plantar – entre o 4º e o 5º artelho – entre falanges proximais
Plexo Solar	Área Plantar – entre o 2º e o 3º metatarso – abaixo da epífese com projeção para articulação metatarso falangeana
Coluna Cervical	Lateral Interna do halux – desde a falange distal na porção proximal até a articulação metatarso falangeana
Coluna Torácica	Lateral Interna – do 1º metatarso desde a articulação metatarso falangeana até a articulação cuneiforme metasiana
Coluna Lombar	Lateral Interna – ponto máximo: no 1º cuneiforme – e ao longo do navicular
Sacro	Lateral Interna – ao longo do Tálus até abaixo do maléolo
Cóccix	Lateral Interna – na articulação calcâneo talâmica abaixo do maléolo interno
Nervo Ciático Sensorial	Área Plantar – no calcâneo, no transverso da porção média
Nervo Ciático Motor	Do calcâneo até a panturrilha, no Tendão de Aquiles

Localização Anatômica dos Pontos Reflexos

Sistema Esquelético

LEGENDA	ESTRUTURA ANATÔMICA
Crânio	Área Dorsal – Hálux – somente na unha
Face	Área Dorsal – Hálux – na falange distal, exceto a unha
Maxilar e Arcada Dentária Superior	Área Dorsal – Hálux – na falange distal, acima da articulação interfalangeana
Mandíbula e Arcada Dentária Inferior	Área Dorsal – Hálux – na falange proximal, abaixo da articulação interfalangeana
ATM (Articulação Temporo Mandibular)	Área Dorsal – Hálux – na lateral interna e externa da articulação interfalangeana
Occipital	Área Dorsal – Hálux – na lateral externa da falange distal, porção proximal
Osso Ioide	Área Plantar – Hálux – na lateral externa, na epífese superior da falange proximal
Esterno	Área Dorsal – sobre o 1º metatarso

Costelas	Área Dorsal – do 2º ao 5º artelho – sobre os metatarsos
Clavícula	Área Dorsal – 2º e 3º artelho – na falange proximal – porção proximal
Escápula	Área Dorsal – 4º e 5º artelho – na falange proximal, porção proximal
Cintura Escapular	Área Dorsal – do 1º ao 5º artelho – nas articulações metatarso falangeanas
Cintura Pélvica	Área Dorsal – desde a lateral interna até a lateral externa – sobre a articulação do tálus com tíbia e fíbula
Ombro e Coxo Femural	Área Dorsal e Lateral Externa – 5º artelho – em toda a falange proximal
Úmero e Fêmur	Lateral Externa – 5º artelho – na lateral externa do metatarso
Cotovelo ou Joelho	Lateral Externa – 5º artelho – na lateral externa do cuboide contra a epífese do 5º metatarso
Rádio e Ulna ou Tíbia e Fíbula	Lateral externa – 5º artelho – na lateral externa do cuboide e calcâneo
Mãos ou pés	Lateral Externa – 5º artelho – no calcâneo, porção proximal

Localização Anatômica dos Pontos Reflexos

Sistema Muscular

LEGENDA	ESTRUTURA ANATÔMICA
Cabeça e Pescoço	Área Dorsal e Plantar – do Hálux ao 5º artelho em todas as falanges, incluindo as laterais internas e externas
Esternocleidomastoideo	Área Dorsal – Hálux – na lateral externa desde a articulação metatarso falangeana até a articulação interfalangeana
Trapézio	Área Dorsal – entre o 2º e o 3º, 3º e 4º e 4º e 5º artelho – nos espaços entre as falanges proximais, acima das articulações matatarso falangeanas
Intercostais	Área Dorsal – do 1º ao 5º artelho – nos espaços entre os metatarsos

Diafragma	Área Plantar – do 1º ao 5º artelho – abaixo da articulação metatarso falangeana, na porção distal dos metatarsos
Músculos Peitorais	Área Dorsal – do 1º ao 5º artelho – sobre todos os metatarsos
Músculos Abdominais	Área Dorsal – do 1º ao 5º artelho – sobre os cuneiformes, cuboide, navicular e tálus
Músculos Pélvicos	Área Dorsal – Lateral Interna e Externa – sobre todo o calcâneo
Ombro ou Coxo Femural	Área Dorsal, Plantar e Lateral Externa – 5º arte-lho – sobre toda a falange proximal
Braço ou Coxa	Lateral Externa – 5º artelho – na lateral externa do metatarso
Cotovelo ou Joelho	Lateral Externa e Área Dorsal – 5º artelho – sobre todo o cuboide e porção proximal do 5º metatarso
Antebraço ou Perna	Lateral Externa – 5º arte-lho – na lateral externa do cuboide e calcâneo
Mãos e Pés	Lateral Externa – 5º arte-lho – no calcâneo – porção proximal
Ombro e Coxo Femural	Área Dorsal e Lateral Externa – 5º artelho – em toda a falange proximal
Úmero e Fêmur	Lateral Externa – 5º arte-lho – na lateral externa do metatarso
Cotovelo ou Joelho	Lateral Externa – 5º arte-lho – na lateral externa do cuboide contra a epífese do 5º metatarso

Rádio e Ulna ou Tíbia e Fíbula	Lateral Externa – 5º arte-lho – na lateral externa do cuboide e calcâneo
Mão ou Pés	Lateral Externa – 5º arte-lho – no calcâneo, porção proximal

Localização Anatômica dos Pontos Reflexos

Sistema Endócrino

LEGENDA	ESTRUTURA ANATÔMICA
Hipófise	Área Plantar – Hálux – na lateral da falange distal, na porção média sobre a digital
Pineal	Área Plantar – Hálux – na lateral interna e externa da falange distal, na porção distal
Tireoide	Área Plantar – 1º metatarso – desde a epífese do metatarso, contornando a articulação metatarso falangeana pela lateral externa, até a prega inferior do hálux
Paratireoide	Área Plantar – Entre o 1º e o 2º artelho: a) acima da articulação metatarso falangeana, na porção proximal da falange distal do hálux b) entre a articulação metatarso falangeana

Timo	Área Plantar – entre o 2º e o 3º artelho – na articulação metatarso falangeana
Suprarenal	Área Plantar – abaixo da epífese do 2º metatarso do lado externo
Pâncreas	Área Plantar – 1º metatarso – na lateral interna na porção média
Ovários ou Testículos	Lateral Externa – Calcâneo – abaixo do maléolo
Ponto de Crescimento	Área Plantar – Calcâneo – na linha do Tendão de Aquiles

Localização Anatômica dos Pontos Reflexos

Sistema Linfático

LEGENDA	ESTRUTURA ANATÔMICA
Circulação Linfática	Área Dorsal – do 1º ao 5º artelho – nos espaços intermetasianos
Ponto de Retenção	Área Dorsal – Hálux – na lateral externa da articulação metatarso falangeana
Gânglios Linfáticos Médios (Axilas)	Área Dorsal – 5º artelho – na lateral interna da articulação metatarso falangeana
Gânglios Linfáticos Inferiores (Virilhas)	Área Dorsal – na fossa talâmica ao lado do maléolo externo
COMPLEMENTARES	
Circulação Linfática	Área Dorsal – entre o hálux e o 2º artelho – acima da articulação metatarso falangeana
Ponto de Retenção	Área Plantar – entre o 2º e o 3º artelho – na articulação metatarso falangeana
Gânglios Linfáticos Médios (Axilas)	Área Plantar – entre o 3º e o 4º metatarso na porção distal
Gânglios Linfáticos Inferiores (Virilhas)	Área Plantar – entre o 3º e o 4º metatarso – na porção distal com projeção para cima

Conclusão

O estado de saúde não é somente a ausência de enfermidades, é também bem-estar, sentimento de realização, equilíbrio energético, capacidade sensorial e harmonia consciente com o Universo.

Colaborar com a recuperação integral de uma pessoa, assim como ajudar a recobrar seu equilíbrio bioenergético, é uma função de grande responsabilidade, sobre tudo de AMOR.

A responsabilidade inclui a qualidade das coisas que fazemos, formamos, estudamos e investigamos. Reconhecer nossas possibilidades e limitações é parte de uma atitude nobre que nos gratifica enormemente.

A Reflexologia é uma terapia de massagem, que pode modificar o estado orgânico. Para tanto, é necessário aprofundar os conhecimentos tratando de dar a melhor res-posta aos pacientes, e, o que é mais relevante, é a possibilidade de realizar um diagnóstico que permita exercer nosso critério sem cometer erros e sem detectar alterações.

E, para nós, é devido cuidar com a mesma dedicação dos demais. Saber doar aos que nos fazem bem é o que nos fortalece, para que nosso bem-estar se transmita naturalmente.

Se cuidarmos de nossos pés, eles cuidarão de nós e a recompensa será notável, e, com genuína gratidão, podere-mos dizer aos nossos pés: "Obrigado pelo apoio"!

Bibliografia

DOUGANS, Inge; ELLIS, Suzanne. *"Um Guia Passo a Passo Para Aplicação da Reflexologia"*; Element Books – 1992.

CAMPADELLO, Pier; FELICIANO, Alberto – *"Reflexologia: usando massagem nós pés"*. Agora, – 1997.

GOOSMAM, Legger; – ASTRID, I. – *"Reflexoterapia: usando massagem nos pés"*. Agora, – 1997.

ASLANI, Marlyn. – *"Massagem Passo a Passo"*. Editora Manole, – 1999.

WORTH, Yvonne. – *"Massagem Guia Prático"*. Ávatar, – 1997.

MERCATI, Maria. – *"Tuiná"*. Editora Manole, – 1999.

CRANE, Beryl. – *Reflexologia Para Uma Vida Saudável*, – Element Books Limited, – 1998.

PATO, Juan Carlos. – *Módulos Gráficos*. Ediciones e Luan. 6ª ed., – 1994.

RODRIGUES JÚNIOR, Aldo Junqueira. – *Anatomia Humana, Atlas e Texto*. – Ícone Editora. 2ª ed., – 1996.

NETHER, Frank H.M.D. – *Atlas de Anatomia Humana*. 2ª ed. Artes Médicas, – 2000.

DEREK, Prof. Dr. Wafae Nader. Field. 1ª ed. – Manole Editora, 2001.